Uno's Kitchen

washoku 和食 a casa tua...

Uno Sugiyama

SOMMARIO

<small>hajimeni</small>
はじめに Introduzione   5

<small>washoku no rekishi</small>
和食の歴史 Storia del cibo giapponese   6

<small>ichijusansai</small>
一汁3菜 Una zuppa, tre verdure   8

<small>o kome</small>
お米 Il riso   10

<small>o kome o taku</small>
お米を炊く Cuocere il riso   12

<small>onigiri</small>
おにぎり Onigiri   14

<small>miso</small>
味噌 Miso   16

<small>misomaru</small>
みそまる Miso Maru   18

<small>choumiryo</small>
調味料 Condimenti   20

<small>reshipi</small>
レシピ Ricette (vedi pagina dopo)

<small>owarini</small>
おわりに Conclusione   69

Uno's Kitchen

和食 のレシピ　Ricette di cibo giapponese
washoku no reshipi

- 三食ご飯 *sanshoku gohan* — 26
- 人参のきんぴら *ninjin no kinpira* — 28
- カレーライス *kare-raisu* — 32
- 福神漬け *fukujinzuke* — 34
- 野菜のふりかけ *yasai no furikake* — 36
- 豚の生姜焼き *buta no shouga yaki* — 38
- 胡瓜の南蛮漬け *kyurino nannbanzuke* — 40
- めんつゆ *mentsuyu* — 42
- 三角おにぎり色々 *sankaku onigiri iroiro* — 46
- 肉じゃが *niku jaga* — 48
- イワシの生姜煮 *iwashi no shouga ni* — 50
- 人参のきんぴら *ninjin no kinpira* — 52
- 鳥の唐揚げ *tori no karaage*

和菓子のレシピ　Ricette di dolci giapponesi
wagashi no reshipi

- あんこ *anko* — 56
- どらやき *dorayaku* — 58

名古屋のレシピ　Ricette di Nagoya
nagoya no reshipi

- みそかつ *misokatsu* — 62
- 天むす *tenmusu* — 64

3

Uno's Kitchen

Uno's Kitchen

はじめに

この本は、「**イタリアで購入出来る食材で簡単に作れる日本の家庭料理**」のレシピ本です。

近年、私達の食生活は大きく変わりました。テクノロジーの技術が進んだお陰で世界中の食文化を簡単に学べるようになりました。そして、テイクアウトや外食を通してイタリア国内で日本食に触れる機会も増えたでしょう。そうしたなか、外食ばかりに頼らずイタリア国内で購入できる食材を使って、**自分で作れる簡単なレシピを**（美味しく作るポイントと一緒に）ご紹介します。日本へ行った事のある人、近い将来日本へ行ってみたい人、レストランで食べるメニュー以外の和食が気になる人、家庭料理に興味のある全ての人の為の本です。そして、私の料理に対する情熱と基盤を作ってくれた母と、私の娘キアラへこの本を捧げます

Introduzione

Questo è un libro di ricette per "**piatti giapponesi fatti in casa, facili da preparare con ingredienti disponibili in Italia**". Le nostre abitudini alimentari sono cambiate molto negli ultimi anni. La tecnologia ha reso più facile conoscere le culture alimentari di tutto il mondo. Abbiamo anche avuto l'opportunità di assaggiare il cibo giapponese in Italia attraverso il take-away e mangiando al ristoranti Giapponese. In questo contesto, vorrei presentarvi alcune semplici ricette (con consigli su come renderle gustose) che **potete fare da soli**, utilizzando ingredienti disponibili in Italia, senza dover ricorrere a mangiare fuori. Questo è un libro per tutti quelli che sono stati in Giappone, per tutti quelli che vorrebbero visitare il Giappone nel prossimo futuro, per tutti quelli che sono interessati al cibo giapponese al di fuori del menu del ristorante e per tutti che sono interessati alla cucina casalinga. Vorrei anche dedicare questo libro a mia madre che mi ha dato le basi e la passione per la cucina e a mia figlia Kiara.

washoku no rekishi
和食の歴史

Quella che viene chiamata "cucina giapponese casalinga", che i giapponesi odierni mangiano di solito, sembra sia partita dal consumo di noci come ghiande. Con l'andare del tempo, sembra che si siano evoluti iniziando a consumare riso, crostacei e pesce, uccelli e bestie, piante selvatiche, funghi, pesche e cachi come frutti. Successivamente dal 675 al 1871, per circa 1200 anni a causa delle leggi per il divieto di uccidere animali e il consumo della carne legato al Buddismo le persone hanno integrato ciò che mancava con proteine animali del pesce, proteine vegetali della soia e del riso e con il "*dashi*". Da questa era iniziò a svilupparsi la cultura alimentare super salutare del cibo giapponese. Durante il periodo Heian, si sviluppò la "cucina Daikyo", che era fortemente influenzata dalla Cina con cui i nobili intrattenevano gli ospiti, ma nel periodo Kamakura si trasformò in un piatto semplice perchè non amava il lusso. Nel periodo Sengoku si sviluppò una cucina chiamata "Honzen-ryori" per intrattenere i samurai, che portò alla nascita dell'attuale "Kaiseki-ryori". Nel periodo Edo si svilupparono il mangiare e il bere in compagnia, che si trasformò in "cucina Kaiseki" con gli alcolici. In questo periodo furono pubblicati molti libri di cucina e l'abitudine di mangiare tre pasti al giorno iniziò a prendere piede anche in Giappone. Soba, *tempura*, nigiri sono alcuni esempi dei cibi diventati popolari. Dalla fine del periodo Edo alle ere Meiji e Taisho, molte nuove culture alimentari sono arrivate dall'Occidente. Tuttavia, durante la seconda guerra mondiale, la scarsità di cibo gettò temporaneamente nell'ombra la nuova cultura alimentare giapponese.

Dopo la guerra vennero introdotte oltre al cibo, nuove abitudini e così nacquero cibi istantanei, minimarket e persino abitudini alimentari più recenti che continuano fino ai giorni nostri. Venne dichiarata patrimonio immateriale dell'umanità dall'Unesco nel 2013 in particolare per lo stile culinario "ichiju sansai", che considera le benedizioni della natura, ingredienti stagionali diversi e freschi e che tengono a mente l'equilibrio nutrizionale delle materie prime.

ichiju sansai
一汁三菜

Una zuppa, tre piatti

Quando sentiamo la parola "cibo giapponese", tendiamo a pensare al *sushi* oppure alla cucina *kaiseki* (percorso tradizionale di piatti giapponesi) e pensiamo che sia troppo costosa. Tuttavia, il cibo giapponese si basa sul concetto di "*ichiju-sansai*", che significa "una zuppa, tre piatti": riso, zuppa e tre contorni. Il cibo giapponese è sano e nutriente. Per fare questo è importante impararne le base.

La ciotola del riso è a sinistra e quella della zuppa a destra.

Si dice che nel galateo giapponese, il cibo base, il riso, viene servito a sinistra, più in alto della zuppa. In realtà, però, il modo fondamentale di servire il cibo è quello di disporlo in modo da renderlo facile da mangiare quando si tengono le bacchette con la mano destra, ricercando come sempre il metodo più agevole per fare una determinata cosa, la たべやすさ *tabeyasusa*.

I tre piatti sono posizionati in fondo. I tre contorni dovrebbero essere collocati dietro il pasto principale, il riso e la zuppa. L'ordine corretto è da sinistra a destra: contorni (ad esempio, come verdure stufate, o *tsukemono* come accompagnamento per insalata) e piatti principali.

Riso I carboidrati (lo zucchero) sono la principale fonte di energia. Il riso è l'alimento basilare. A differenza del pane non contiene sale, il che lo rende un alimento adatto alle diete a basso contenuto di sodio.

Le zuppe La zuppa di *miso* e il brodo sono usati per la reidratare e pulire il palato. Una combinazione di verdure, carne, prodotti di soia e altre fonti proteiche può migliorare l'equilibrio nutrizionale generale di un pasto e permettendo di ridurre il numero di contorni.

Tre piatti Questi consistono in un piatto principale e due contorni. I cosiddetti 'tsukemono' - contorni-, che non solo rendono il pasto principale gustoso, ma forniscono anche i nutrienti che mancano nel pasto principale e nella zuppa.

<u>Piatto principale</u> (1 piatto) è un piatto a base di carne, pesce, uova, soia, ecc.

<u>Tsukemono</u> (2 piatti base) Un contorno equilibrato consiste in verdure bollite, condite o lessate, verdi e gialle, verdure chiare, fagioli, patate e alghe, etc.

<u>Kano-mono</u> (sottaceti) sono considerati un contorno e nella cucina giapponese sono molto usati.

o kome
お米

Tipi di riso

Ci sono tre tipi principali di riso nel mondo: *riso japonica*, *riso indica* e *riso javanica*. Il *riso Japonica* si mangia in Giappone.

Il *riso Japonica* è coltivato principalmente in Giappone, Corea, Cina nord-orientale e parti dell'Europa, ed è caratterizzato dalla sua forma corta e ovale. Diventa appiccicoso e lucido quando viene cotto. Il *riso Japonica* rappresenta il 20% della produzione mondiale di riso e tende ad essere consumato in molte regioni dove viene coltivato, come in Giappone.

Il riso è stato coltivato in Giappone fin dal periodo Jomon, più di 3000 anni fa. Il clima giapponese, con le sue stagioni distinte di piogge pesanti e leggere, doveva essere ideale per la produzione di riso. Ha un buon sapore quando è cotto e non si deteriora quando è freddo, motivo per cui è diventato una scelta popolare per *onigiri*, *sushi* e scatole di *bento*. Il cibo giapponese si è sviluppato sull'idea del "condimento in bocca", dove i contorni e il riso vengono mangiati insieme e mescolati in bocca. Il *miso*, la salsa di soia, l'aceto, *il mirin* e altri condimenti usati nella cucina giapponese sono tutti fatti con il riso, che inoltre usato per fare il *sake*.

Come conservare il riso quando hai cucinato troppo?

Uno dei modi migliori per conservare il riso è quello di tenerlo nel congelatore. Mentre il riso è ancora caldo, dividetelo in piccole porzioni e avvolgetele nella pellicola di plastica o in sacchetti per il congelatore. Se si stende il riso, ci vorrà meno tempo per scongelarlo e il calore si diffonderà più uniformemente, rendendolo più gustoso.

Naturalmente è meglio mangiarli il prima possibile per preservarne il sapore, ma si conservano fino a tre settimane congelati. È anche comodo da dividere in piccole porzioni, circa la dimensione di una tazza da tè, in modo da poter scongelare solo quello che ti serve quando sei pronto a mangiarlo.

o komewotaku
お米を炊く

Posso cucinare il riso senza una cuociriso giapponese?

La risposta a questa domanda è "naturalmente". Il riso in realtà ha un gusto migliore se cotto in una pentola! Oltre alla differenza di gusto, noterete anche che è più facile di quanto si pensi, a condizione di ricordarsi di mettere il riso in ammollo.

Se metti il riso in ammollo in acqua, puoi cuocerlo in circa 20 minuti. Il riso ha un ottimo sapore quando è fresco e soffice, e anche dopo che si è raffreddato e riscaldato, ha un sapore diverso dalla cuociriso!

Ingredienti: Per 4 persone
2 tazze o 360g di riso
450ml di acqua

Preparazione:
1. Misurare accuratamente il riso con un misurino e lavare bene il riso con l'acqua in uno scolapasta dentro una ciotola. Un paio di volte sarà sufficiente per questo procedimento. Poi scolare in un colino.

   - Il riso è come una "verdura essiccata" il cui contenuto di umidità è limitato. È per questo che il riso deve essere immerso nell'acqua dopo essere stato lavato, per assicurarsi che si cuocia bene fino al centro.

2. Mettere 360g di riso scolato in una pentola e metterlo a bagno con 450 ml di acqua pulita per 30 minuti. (In estate, immergere per 30 minuti, in inverno per 1 ora.)

3. Quando il riso diventa bianco, l'ammollo è completo.

4. Coprire con un coperchio e riscaldare a fuoco medio-alto. Quando il riso comincia a sfrigolare, abbassare la fiamma al minimo e cuocere per 15 minuti. Spegnete il fuoco e lasciate cuocere a vapore per altri 10 minuti. Dopo la cottura a vapore, aprire il coperchio e mescolare il riso dal fondo con un cucchiaio di legno.

onigiri
おにぎり

L'Onigiri non ha solo forma triangolare!

I quattro tipi principali di *onigiri*, sono diversi da regione a regione.

"Avete mai sentito che la forma di *mochi* usate negli *ozoni* (pochi in brodo) è diversa nelle regioni del Kanto e del Kansai? In questo modo, è raro che lo stesso cibo abbia una forma diversa a seconda della regione, vero? Anche gli *onigiri* hanno una forma diversa a seconda della regione. Quali sono le quattro forme principali di *onigiri*?

Forma triangolare Si dice che siano nate nella regione del Kanto, *Tokugawa Ieyasu* (Signore della guerra 1543-1616) che costruì le cinque strade che collegavano Edo (Tokyo) con varie parti del Giappone, creò anche gli *onigiri* per renderli facili da trasportare. Nel 1978, *Seven-Eleven Japan* ha iniziato la produzione di massa di *onigiri* a forma triangolare, portandoli a diventare così famosi oggi.

Forma di disco La forma a disco si trova principalmente nella regione di Tohoku (nord), una delle più fredde del Giappone. Per proteggere gli *onigiri* dal congelamento in inverno, le persone erano solite avvolgere gli *onigiri* dalla forma piatta in foglie nelle foglie essendo così più facili da trasportare vicino al calore del corso. Inoltre, nella regione del Tohoku spesso gli *onigiri* vengono gustati alla griglia, e avvolgerli nelle foglie li rendeva più facili da cucinare.

Forma di cilindro Questo tipo di forma si trova principalmente nella regione del Kanto. Ma nella regione del Kansai, l'alga nori è spesso usata per gli *onigiri* e si dice che la forma cilindrica sia diventata popolare perché più facile da avvolgere. Una leggenda narra che questo piatto fosse mangiato dalle signore del palazzo imperiale di Kyoto, che lo chiamavano "*omusubi*". Nella regione del Kanto durante il periodo Edo (1603-1868), questo tipo di forma di *onigiri* era spesso inclusa nel *bento* dei lavoratori.

Forma rotonda La forma rotonda è comune nella regione del Kyushu (sud), ma si può trovare in tutto il Giappone. Si preparano arrotolandoli nel palmo della mano, e a grazie alla loro semplicità di preparazione e della regione in cui sono diffusi, sono un cibo quotidiano popolare tra le persone di tutte le età.

miso
みそ

Il *miso* fa bene - ed è fatto di soli tre ingredienti

Gli ingredienti principali sono molto semplici, solo soia, sale e *koji*. Ci sono diversi tipi di *miso* a seconda del tipo di *koji* che viene aggiunto ai semi di soia e al sale. Possono essere divisi in tre tipi: "*miso di riso*", "*miso d'orzo*" e "*miso di soia*". La miscela dei tre diversi tipi di *miso* è chiamata "*chōgō miso* ".

Kome miso Fatto aggiungendo malto di riso ai semi di soia.

Mughi miso Si ottiene aggiungendo *koji* d'orzo ai semi di soia.

Miso di soia È fatto con semi di soia con *koji* di semi e coltivato con *koji* di fagioli. L'ingrediente principale è la solo soia.

Miso misto Una miscela di due o più tipi diversi di miso o una miscela di diversi tipi di *koji*.

Differenze di *miso* secondo il colore

Il miso può essere diviso in tre tipi secondo il colore del prodotto finito: "*miso bianco*", "*miso chiaro*" e "*miso rosso*". Il colore dipende principalmente dal tipo di semi di soia, se bolliti o cotti al vapore, la quantità di *koji*, se mescolati durante il processo di fermentazione, e la durata della fermentazione e della maturazione. In generale, più lungo è il periodo di maturazione, più scuro è il colore rossastro del *miso*.

Differenze di *miso* secondo il gusto

Il miso può anche essere classificato secondo il gusto: "dolce" o "secco" come il vino. Il grado di secchezza dipende dalla quantità di sale, mentre il grado di dolcezza è determinato dal "Koji buai" quanto *koji* viene aggiunto alla quantità di semi di soia. Per esempio 7kg di *koji* aggiunto a 10kg di semi di soia si chiama "Koji buai nanaho (rapporto koji 7 passi)". Se la quantità di sale è la stessa, più alto è il rapporto koji, più il sapore è dolce.

misomaru
みそまる

Uno's Kitchen

"**Miso-maru**" si tratta di un apiccola quantità di *miso* e ingredienti arrotolati. Basta versare acqua calda in una ciotola, aggiungere un *miso maru* e avrete una zuppa di miso istantanea. Si può fare semplicemente da soli a casa e berla quando si vuole.

【Base di Miso-Maru 】

Miso 10 g, *wafu dashi* (polvere di dado a base pesce) 1 g, mescolare bene con un cucchiaio

【Vari tipi di Miso-Maru】

① **Miso bianco, erba cipollina e alga *wakame***
1 base di Miso-maru bianco
1 cucchiaino di erba cipollina, tagliata in pezzi da 5 mm
½ cucchiaino di alga wakame essiccata

② **Miso bianco, kiriboshi-daikon ed erba cipollina**
1 base di Miso-maru bianco
1 cucchiaino di erba cipollina, tagliata in pezzi da 5 mm
1 cucchiaino di *kiriboshi-daikon* (ravanello secco), tagliato in pezzi da 5mm a 1 cm

③ **Miso rosso, gamberi secchi ed erba cipollina**
1 base di miso-maru rosso
1 cucchiaino di erba cipollina
1 cucchiaino di gamberetti secchi

Preparazione
Mettere la base miso-maru base ben mescolato e gli ingredienti su un pezzo di pellicola trasparente e formare una piccola palla. È meglio scegliere ingredienti secchi.
Mettere il composto in una ciotola, versare 130ml-150ml di acqua calda e mescolare bene per 1 minuto (attenzione a non scottarsi).

Conservazione
Miso-maru può essere conservato in frigorifero per una settimana o nel congelatore per un mese. Scaldare il Miso-maru congelato nel microonde per 10-15 secondi prima di versarci sopra dell'acqua bollente.

choumiryou
調味料

Condimenti di base "Cucinare seguendo la regola Sa Shi Su Se So" si riferisce ai cinque condimenti zucchero "sa", sale "shi", aceto "su", salsa di soia "se" e miso "so". Quando condisci i piatti, se li metti in quest'ordine, sarà più buono.

SA zucchero   **SHI** sale   **SU** aceto   **SE** salsa di soia

SO miso bianco   **SO** miso rosso

Zucchero "Sa" da *satō* - zucchero. Lo zucchero ha una molecola più grande e una permeabilità inferiore rispetto al sale, quindi si consiglia di aggiungerlo prima per far amalgamare il gusto! Lo zucchero ammorbidisce gli ingredienti e dà loro una finitura lucida. Quando riscaldato, lo zucchero è un condimento che si scioglie facilmente in acqua e ha la funzione di assorbire l'umidità degli alimenti, quindi evita che gli alimenti si secchino.

Sale "Shi" da *shio* - sale. Il sale ha una molecola più piccola e permeabilità maggiore rispetto allo zucchero, quindi se lo aggiungi per primo, sarà difficile per lo zucchero unirsi ad esso. Pertanto, si consiglia di aggiungere il sale dopo lo zucchero. Il sale ha l'effetto di assorbire l'acqua dagli alimenti e di migliorarne la stabilità allo stoccaggio. Viene anche usato per preparare cibi fermentati e per migliorare il colore di frutta e verdura. Ha anche l'effetto di rassodare i frutti di mare e carne.

Aceto "Su" da *su* - aceto. L'aceto perde facilmente la sua acidità, quindi aggiungilo sempre più avanti. È il terzo nel "Sa Shi Su Se So", ma nel caso dei piatti a fuoco lento, si dice che vada aggiunto per ultimo per sfruttarne l'acidità. L'aceto è fatto con cereali e frutta come riso e grano, o fermentato con acido acetico aggiungendovi alcol e zucchero. Attenua la salsedine e la dolcezza, previene l'inbrunimento delle verdure e ha l'effetto di ravvivare i colori di ingredienti come il cavolo rosso e lo zenzero giapponese. Ha anche un effetto battericida.

Salsa di soia "Se" dal nome arcaico della soia, *seuyu* termine arcaico. Il sapore della salsa di soia si perde presto, quindi aggiungilo in seguito. È fatta spremendo il mosto ottenuto dalla fermentazione di soia, grano e sale. Elimina l'odore di pesce, frutti di mare e della carne e ne migliora il sapore. Aiuta anche a sterilizzare e conservare i cibi.

Miso, cioè il "So" Anche il miso perde in fretta il suo sapore, quindi aggiungilo alla fine. I semi di soia bolliti e il sale vengono mescolati con del koji (fungo usato nella fermentazione) e fatti fermentare per creare il miso. Aggiunge sapore e migliora la stabilità di conservazione. Il miso ha anche l'effetto di eliminare l'odore di pesce dei frutti di mare e della carne e di migliorarne il sapore.

Altri condimenti

Sake　　Mirin　　Goma　　Wafu dashi　　Shicimi togarashi

Karashi, Yuzu kosho, Wasabi　　Curry　　Alga kombu

Kiriboshi daikon　　Shiitake　　Alga wakame

Katsuobushi

Uno's Kitchen

washoku no reshipi
和食のレシピ

Uno's Kitchen

sanshokudonburi
三食丼

Tre ingredienti colorati per risollevare il tuo spirito

Ingredienti: 2 persone

- Carne : 150g di Carne tritata
- 2 cucchiai di salsa di soia,
- 1 cucchiaio di olio di mais
- 1 cucchiaio di sake,
- 1 cucchiaio di mirin,
- 1 cucchiaio di acqua,
- ½ cucchiaio di zucchero
- 50g fagiolini
- 2 Uova
- ¼ di cucchiaino di sale
- 400g Riso cotto

Preparazione:

1. Scaldare l'olio in una piccola padella e mettere la carne tritata e aggiungere in ordine di sake→ mirin →zucchero→ salsa di soia →acqua.
2. Continuare a cuocere con fuoco medio fino a quando l'acqua si è ridotta della metà.
3. Mescolare bene le uova e i condimenti e metterle in una padella unta. Cuocere a fuoco medio-basso, mescolando con le bacchette, fino a quando il composto diventa friabile.
4. Portare a ebollizione una piccola pentola d'acqua, aggiungere il sale e far bollire i fagiolini per 10 minuti. Togliere dal fuoco e lascare raffreddare. Tagliare in diagonale.
5. Disponete la carne macinata, l'uovo e i fagiolini in una ciotola con riso cotto dentro e versate il sugo sulla parte di carne alla fine.

Uno's Kitchen

karēraisu
カレーライス

Un classico menù giapponese che ha la sua storia.

Il curry è stato introdotto in Gran Bretagna dall'India nel 18° secolo. Nel XIX secolo, la prima polvere di curry è stata fatta in Inghilterra. In India non esisteva la polvere di curry, ma piuttosto diverse spezie venivano combinate per creare il sapore del curry. Un'altra differenza dal curry indiano è che è addensato con farina di grano.
Durante l'era Meiji (1868-1912), le culture americane ed europee furono attivamente introdotte in Giappone, e tra queste,
il curry fu introdotto dall'Inghilterra. Un libro di cucina dell'epoca, "Seiyo Ryouri Shinan", descrive come fare il curry. Il libro dice di usare rane e cipollotti, che è un po' diverso dal curry di oggi.

Più tardi gli ingredienti per il curry, cipolle, patate e carote, furono prodotti in abbondanza in Giappone, specialmente in Hokkaido, e la polvere di curry domestica a buon mercato si diffuse, dando vita alla forma originale del riso al curry giapponese come lo conosciamo oggi nell'era Taisho. Il curry giapponese è nato in India e si è sviluppato differenziandosi in Inghilterra, ma il curry che mangiamo oggi non è né quello indiano né quello inglese.

Ingredienti: 2 persone

400g di spalla di maiale

1 carota

1 cipolla

2 patate misura media

1 cm di zenzero

1 spicchio d'aglio

1 foglia di Alloro

Sale e pepe q.b.

2 cucchiai di olio di mais

Acqua q.b.

Metà scatola di dado di Curry

Preparazione:

1. Tagliate lo zenzero e l'aglio in pezzi piccoli. Tagliate la cipolla, la carota e le patate in pezzi grossi.

2. Nella pentola media metti l'olio di semi oppure l'olio di mais e soffriggerete la spalla di maiale con fuoco vivace per 1 minuto. Spargere il sale e pepe abbondantemente sulla carne e continuare a soffriggere finché la carne si dorerà.

3. Quando le carne sono cotte abbassare il fuoco a fuoco medio e aggiungere l'aglio e lo zenzero. Cuocere bene fino che sentite il profumo.

4. Nella pentola aggiungere la cipolla, la carota e le patate e soffriggerli velocemente fino che sono bagnati nell'olio.

5. Aggiungere poca acqua nella pentola metti il coperchio e far cuocere con fuoco vivace. Quando non ci sarà più l'acqua ripetere lo stesso procedimento.

6. Aggiungere l'acqua fino a ricoprire tutti gli ingredienti, metti il coperchio e fai cuocere con fuoco vivace. Quando l'acqua bolle spegnere il fuoco e aggiungi il dado al curry. Quando il dado è sciolto completamente, riaccendi il fuoco e fai cuocere per 10minuti mescolando ogni tanto. Il piatto è finito.

fukujintsuke
福神漬け

Delizioso da mangiare con curry e riso, o da solo.

Si consiglia di tagliare le verdure in modo uniforme.

Ingredienti: 2 persone

2 cetrioli

100g di carote

100g di ravanello

150 ml di salsa di soia

100ml di aceto

100g di zucchero

1 cm di zenzero fresco

5cm di kombu essiccato (raddoppia quando immerso in acqua)

1 cucchiaino di peperoncino

Preparazione:

1. Tagliare la buccia del cetriolo. Tagliare il cetriolo a metà, rimuovere i semi con un cucchiaino e tagliare a fette di circa 5 mm di spessore. (vedi foto)
2. Sbucciare le carote allo stesso modo e tagliarle a forma di ventaglio con uno spessore di 5 mm (vedi foto).
3. Tagliare i ravanelli a metà, circa 3 mm di spessore, e mettere da parte con il cetriolo.
4. Cospargere 1 cucchiaio di sale sulle verdure, mescolare bene e lasciare riposare per 5 minuti. Spremere bene le verdure per far uscire l'acqua.
5. Tagliare lo zenzero e il kombu a strisce. Mettere tutti gli ingredienti tranne le verdure in una piccola casseruola e mescolare con un cucchiaio di legno su un fuoco medio fino a quando lo zucchero si scioglie. Quando lo zucchero si è sciolto, aggiungere la carota e cuocere per 5 minuti, poi aggiungere il cetriolo e il ravanello e cuocere per 10 minuti.
6. Può essere conservato in un barattolo di vetro, dopo averlo bollito, in frigorifero fino a un mese

yasainohanofurikake
野菜の葉のふりかけ

Non buttare via le foglie di daikon o ravanello, possono essere utilizzate in modo delizioso

Ingredienti: 2 persone

Un mazzo di foglie o gambi di ravanello, daikon o anche gambi di costine in foglia
1 cucchiaino di salsa di soia
1 cucchiaino di *mirin* (sake dolce da cucina)
1 cucchiaino di brodo giapponese in polvere
1 cucchiaino di olio di sesamo
½ confezione o (2g) di fiocchi di *bonito* essiccati

Preparazione:

1. Lavare bene le foglie e i gambi e tagliarli a pezzi di circa 5 mm di lunghezza.
2. Mettere l'olio di sesamo in una padella, aggiungere le foglie tritate, il sale e il brodo in polvere e soffriggere a fuoco medio fino a quando non diventano morbide.
3. Aggiungere la salsa di soia e il mirin e friggere ancora qualche momento
4. Infine, aggiungete i fiocchi di bonito essiccati e date una rapida mescolata.

Utile anche per condire *onigiri*.

Uno's Kitchen

buta-no-shouga-yaki
豚の生姜焼

Un must per chi ama il cibo giapponese!

Ingredienti: 2 persone

300g di carne di maiale tagliata sottile
3 cucchiai d'olio di mais
½ cucchiaio di zucchero 1 cucchiaio di salsa di soia
1 cucchiaio di sake
5 cucchiai di acqua
1 cucchiaio di mirin (sake dolce da cucina)
1 cucchiaio di zenzero grattugiato
fecola di patate   q.b.
Sale e pepe   q.b.

Preparazione:
1. Condire entrambi i lati della carne di maiale con sale e pepe e cospargere di fecola di patate.
2. Cuocere la carne nell'olio in una padella a fuoco medio su entrambi i lati fino a quando è ben cotta.
3. Mescolare tutti gli ingredienti tranne la carne e fare la salsa. Versare la salsa ottenuta sulla carne e cuocere a fuoco medio per 5 minuti.

kyuri-no-nanban-zuke
胡瓜の南蛮漬け

Una volta che avrete mangiato questi cetrioli, non riuscirete a fermarvi

Ingredienti: 2 persone

5g di sale (per cospargere il cetriolo)
1/4 di cucchiaino di zucchero
1 cucchiaio della parte verde di 1 cipollotto
1 cucchiaio di salsa di soia
1 e ½ cucchiaino di aceto
2 cucchiai di olio di sesamo
1 cucchiaio di olio di mais
1 cucchiaino di brodo giapponese in polvere
1 cucchiaino di peperoncino
Semi di sesamo bianco (a piacere)

Preparazione:

1. Tagliare entrambe le estremità del cetriolo, condire generosamente con sale e lasciare a riposo per 10 minuti.
2. Mettere il cetriolo su un tagliere e muoverlo avanti e indietro con il peso del palmo della mano per ammorbidirlo.
3. Sbucciare il cetriolo con un pelapatate e tagliarlo a metà. Togliere i semi dal cetriolo con un cucchiaino e tagliarlo a pezzi di 2 cm.
4. Mescolare tutti gli ingredienti tranne il cetriolo in una ciotola. Mettere il cetriolo nella miscela e aspettare per circa 10 minuti.
5. Se volete, potete anche aggiungere dei semi di sesamo bianco per un piatto ancora più saporito.

Uno's Kitchen

mentsuyu
めんつゆ

Un brodo versatile che può essere usato per altro, oltre che soba e somen

Ingredienti: 2 persone

1 cucchiaino di polvere di brodo giapponese - per esempio "*hondashi*"
1 cucchiaino di zucchero
1 e ½ cucchiaino di sale
2 cucchiai di mirin (sake dolce da cucina)
2 cucchiai di salsa di soia
200ml di acqua

Preparazione:

1. Mettere tutti gli ingredienti in una piccola casseruola e cuocere per 5 minuti.
2. Lasciare raffreddare e poi conservare in un contenitore di vetro in frigorifero.

[Condimento stile cinese per insalata]

50 ml di salsa per soba - *mentsuyu*
½ cucchiaio di aceto
1 cucchiaio di olio di sesamo
½ cucchiaio di succo di limone

Mescolare tutto insieme

sankaku onigiri iroiro
三角おにぎり色々

Si possono fare diversi tipi di *onigiri* semplicemente cambiando gli ingredienti.

[Come tagliare le alghe]

1. Piegare trasversalmente in quarti
2. Tagliare a mano lungo la piega

Informazioni utili:

*Se l'alga è umida, scottatela lentamente a fuoco basso sul fornello per evitare che si bruci. Assicuratevi che tutta l'alga *nori* sia cotta
*Conservare le alghe in eccesso fuori dal sacchetto in un contenitore sigillato in frigorifero.

[Come fare degli onigiri]

1. Preparare una ciotola d'acqua abbastanza grande da contenere entrambe le mani.
2. Bagnarsi le mani, mettere la quantità desiderata di sale sulle mani e strofinarle (un po' di sale in più è meglio)
3. Mettere 100 g di riso caldo nel palmo della mano
4. Tenere il riso con entrambe le mani in modo da appiattirlo e avvolgerlo delicatamente.
5. Mettetere la palla di riso nel palmo della mano, con l'altra mano sopra, e prendetela delicatamente per formare un triangolo.
6. Prendilo con la mano inferiore e ruotalo per formare una presa triangolare.
7. Mettere la palla di riso al centro del nori, piegando il nori da entrambe le estremità.

[Vari tipi di onigiri] Prima di formare la palla di riso in un triangolo, fare una cavità nel riso nel palmo della mano, metterci il ripieno e avvolgerlo con il riso.

① **Umeboshi**
   1 base di onigiri
   1 umeboshi

② **Shio (solo con sale)**
   1 base di onigiri

③ **Furikake**
   1 base di onigiri
   furikake a piacere q.b. (Mescolare bene il riso e il furikake.)

④ **Tuna-Mayo**
   1 base di onigiri
   35g di tonno in scatola
   1 cucchiaio di maionese
   Mescolare bene tutto

⑤ **Tori karaaghe (vedi la ricetta di pollo fritto senza friggere)**
   1 base di onigiri
   5 cm di cipollotto tritato finemente
   1 cucchiaino di maionese e   1/3 di cucchiaino di salsa di soia
   1 pezzo di pollo fritto, tagliato in pezzi da 1cm
   Mescolare bene tutto

> Un nuovo tipo di onigiri quadrato avvolto nell'alga, "onighirazu"

Preparazione:
1. Ruotare la foglia dell'alga di 45 gradi su un pezzo di involucro di plastica in modo da posizionare l'angolo in alto
2. Mettere 50 g di riso nel mezzo e appiattirlo. Mettete sopra il ripieno di vostro gradimento e coprite di nuovo con 50 g di riso.
3. Avvolgere con l'alga *nori* (alga secca), piegando gli angoli al centro, coprire con la pellicola e lasciare riposare per 10 minuti.
4. Tagliare a metà ogni pezzo

Come conservare: Quando gli nigiri sono pronti, avvolgerle nella pellicola da cucina in modo che l'alga non sia esposta all'aria. Mangialo prima della fine della giornata. In estate, fa caldo, quindi si raccomanda di metterlo in una borsa termica. Se non riesci a finirlo, mettilo in frigo e riscaldalo nel microonde per circa 30 secondi prima di mangiarlo.

Uno's Kitchen

nikujaga
肉じゃが

Un classico pasto cucinato in casa per un tocco di "mamma giapponese"

Ingredienti: Versione dell'area di Kanto

200g di carne di maiale (tagliata a pezzi)
3 patate
1 carota
1 cipolla
200 ml di acqua
2 cucchiai di salsa di soia
2 cucchiai di sake
2 cucchiai di zucchero
2 cucchiai di mirin (sake dolce da cucina)
1/2 cucchiaio di brodo giapponese in polvere

Preparazione:
1. Tagliare le patate e le carote a pezzi circa 3cm
2. Tagliare le cipolle a spicchi e tagliare la carne a pezzetti.
3. Scaldare leggermente l'olio in una casseruola media e soffriggere la carne.
4. Aggiungere le verdure e soffriggere fino a quando sono tutte ricoperte d'olio, poi versare lo zucchero e l'acqua.
5. Aggiungere il condimento, coprire con un *otoshibuta* (coperchio a goccia) e cuocere a fuoco basso per 20-30 minuti.
6. Le patate e le carote sono pronte quando le bacchette riescono facilmente a tagliarne un pezzo

iwashinoshougani
イワシの生姜煮

Uno's Kitchen

Un piatto semplice che utilizza le sardine, che sono facilmente disponibili tutto l'anno

Ingredienti:

3 sardine

2cm di zenzero, tagliato a strisce sottili

1/2 tazza di salsa di soia

Mirin (sake dolce da cucina): 1/2 tazza

1/4 di tazza di sake

2 cucchiai di zucchero

1 1/2 cucchiai di aceto

1 e 1/4 di tazza di acqua

Preparazione:

1. Rimuovere le squame, le teste e le interiora
2. Tagliare le sardine a metà, cospargere con un pizzico di sale e lasciare per 10 minuti.(La ragione per cospargere il pesce di sale prima della bollitura è quella di far risaltare il suo odore caratteristico. Dopo 10 minuti di spruzzatura, la superficie delle sardine comincerà a sembrare sudata e umida.)
3. Asciugare delicatamente con carta da cucina. Mettere tutti i condimenti in una padella e mescolare.
4. Se la pentola è troppo grande, non ci sarà abbastanza condimento, quindi per 3 sardine, una pentola con un diametro di circa 18 cm è appropriata.
5. Mettete le sardine e poi mettete la padella su un fuoco medio.
6. Aggiungere lo zenzero e cuocere a fuoco medio fino a quando il brodo comincia a sobbollire.
7. Coprire i coperchi interni ed esterni con un foglio di alluminio e cuocere a fuoco basso per 1 ora e 30 minuti. Se non c'è abbastanza brodo, aggiungere altra acqua.

ninjinkinpira
人参きんぴら

Uno's Kitchen

Le carote saltate in padella rendono il riso ancora più delizioso!

Ingredienti: 2 persone
150g di carote
1 cucchiaio di olio di sesamo
1 cucchiaio di salsa di soia
1 cucchiaio di *sake*
1 cucchiaio di zucchero
1g di pepe *shichimi*
1 cucchiaino di semi di sesamo
*per chi preferisce più salato aggiungere un pizzico di sale

Preparazione:
1. Pelare le carote e tagliarle a fettine sottili a pezzetti.

2. Aggiungere l'olio di sesamo nella padella, aggiungere le carote e soffriggere a fuoco medio. Fino a quando le carote saranno tutte impegnate d'olio.

3. Aggiungere il *sake* e far cuocere finchè non c'è più liquido. Aggiungere lo zucchero, la salsa di soia, il peperoncino giapponese e soffriggere velocemente.

4. Infine aggiungere i semi di sesamo.

torino-karaaghe
鶏の唐揚げ

Uno's Kitchen

Pollo fritti senza friggere

Ingredienti: 2 persone
400g di bocconcini di pollo
1 cm di zenzero

1 spicchio d'aglio
5g di sale
2 cucchiai di aceto
2 cucchiai di olio di sesamo
pepe q.b.
30g-40g di fecola di patate

Preparazione:
1. Grattugiare l'aglio e lo zenzero.
2. Strofinare il pollo con sale, pepe, aceto, zenzero e aglio, olio di sesami.
3. Coprire la ciotola con la pellicola e lasciare riposare pollo in frigorifero per 30 minuti.
4. Preriscaldare il forno a 200°C.
5. Togliere il pollo dal frigo e spolverare con la fecola di patate. Rimuovere la fecola di patate in eccesso se ce n'è troppa.
6. Mettere il pollo su una carta di forno e cuocere per 10 minuti su ogni lato. Il pollo è pronto quando hanno il colore dorato. Sono deliziosi anche quando è freddo.

Uno's Kitchen

Uno's Kitchen

wagashi-noreshipi
和菓子のレシピ

anko
餡子

I fagioli dolci sono una parte essenziale dei dolci giapponesi

Ingredienti:
200g di fagioli rossi
200g di zucchero di canna
Un pizzico di sale
acqua q.b.

Preparazione:

1. Mettere i fagioli rossi in una casseruola e versarvi una generosa quantità di acqua bollente (circa 80°C), mentre si mescolano i fagioli rossi con una frusta. Dopo 30 secondi fino a un minuto di miscelazione, scolare l'acqua in un colino e sciacquare veloce in acqua fredda
2. Mettere i fagioli rossi in una casseruola, versare circa 5 cm di acqua sui fagioli e cuocere per circa 30 minuti.
3. Quando l'acqua comincia a bollire, abbassate il fuoco al minimo e coprite con un coperchio. È molto importante mantenere il calore basso in modo che non bolla e che il coperchio non faccia uscire l'aroma. Controllare spesso i fagioli rossi e scolarli quando si sono gonfiati leggermente
4. Rimettere i fagioli *azuki* scolati nella padella e versare di nuovo l'acqua. Riempire fino a 3 - 5 cm sopra gli *azuki*.
5. Mettete un panno pulito sopra gli *azuki* come coperchio e coprite con un coperchio.
6. Cuocere a fuoco lento fino a quando il centro dell'*azuki* è cotto.
7. Spegnere il fuoco e lasciare riposare finché la temperatura non scende leggermente. Questo processo permette ai fagioli *azuki* di recuperare la loro umidità e diventare soffici. (Proprio come il riso!). Ci vogliono solo circa 3 minuti.
8. Scolare gli *azuki* dopo la cottura a vapore e rimetterli in padella.
9. Mettere metà dello zucchero nella padella, mettere gli *azuki* sopra e cospargere con il resto dello zucchero.
10. Mettere la padella sul fuoco e far sobbollire, mescolando delicatamente con un cucchiaio di legno.
11. Spegnere il fuoco quando il composto è abbastanza denso da far cadere i fagioli *azuki*. Non cuocerlo troppo perché diventerà duro una volta raffreddato

dorayaki
どらやき

Dorayaki: uno dei dolci giapponesi più popolar

Ingredienti:
2 uova intere
140g di zucchero di canna
1 cucchiaio di miele
1 cucchiaio di mirin (sake dolce da cucina)

180 g di farina 00
50 ml di acqua per sciogliere il bicarbonato di sodio
100 ml di acqua
1 cucchiaino di bicarbonato di sodio
Anko q.b.

Preparazione:
1. Mettere le uova intere in una ciotola, aggiungere lo zucchero e frullare.
2. Aggiungere il miele e il *mirin* e mescolare fino ad ottenere una pastella fluida
3. Far sciogliere il bicarbonato nell'acqua, aggiungere il composto alla pastella e mescolare
4. Aggiungere la farina in tre volte e frullare bene
5. Coprire la ciotola e lasciare riposare in frigo per 30 minuti
6. Aggiungere 100g di acqua nella ciotola e mescolare bene
7. Scardare una padella antiaderente e mettere pochissimo olio. La padella non deve essere troppa calda
8. Una volta che la padella è calda, versare la pastella con un cucchiaio senza allargare l'impasto, lo farà da solo con il fuoco lento (lasciarlo cadere dall'alto)
9. Cuocere da un lato per circa 1 minuto (oppure quando vedete formarsi buchi nella pastella)
10. Sollevare le frittelle e metterle su un piatto
11. Una volta cotte coprirle bene con pellicola per non farle seccare.
12. Farcire spalmando dal lato più chiaro uno strato di Anko

Informazioni utili:
Se la padella diventa troppo calda durante la cottura della crosta dorayaki, mettetela su un panno bagnato per rimuovere il calore residuo. Si sentirà un suono sfrigolante.

Uno's Kitchen

nagoyanoreshipi
名古屋のレシピ

misokatsu
味噌かつ

Uno's Kitchen

Il "Misokatsu" (cotoletta di maiale) di Nagoya
con un tocco di miso rosso

Ingredienti: 2 persone
Tonkatsu:
2 pezzi (200g) per fare cotoletta di maiale,
Un pizzico di sale q.b.
Un pizzico di pepe q.b.
Farina 00 quantità moderata
1 Uovo sbattuto
Panko (pane grattato q.b.)

Salsa :

2 cucchiai (30g) di miso di soia (miso rosso)
2,5 cucchiai di zucchero
2 cucchiai di mirin (sake dolce da cucina)
2 cucchiai di acqua
1 cucchiaino di dashi in polvere (va bene anche senza)

Preparazione:
1. Salare e pepare leggermente la carne di maiale su entrambi i lati, poi ricoprirla di farina, uovo sbattuto e *panko*.
2. Friggere la carne di maiale in olio di mais oppure semi di girasole a 180°C e tagliarla a pezzetti.
3. Scaldare gli ingredienti per la salsa in una piccola casseruola a fuoco basso, mescolando con una frusta. Quando tutto è sciolto, è pronto.
4. Servire con cavolo tagliato sottile

Uno's Kitchen

tenmusu
天むす

Onigiri con tempura di gamberi, nato nella regione del Kansai e cresciuto a Nagoya

Ingredienti: per 4 onigiri
400g di riso

Tempura di gamberi
4 gamberi (con i gusci)
1/2 cucchiaino di sale
3 cucchiai di farina per tempura
4 cucchiai di acqua fredda

Salsa
(A) 1 cucchiaio di salsa di soia
(A) 1/2 cucchiaio di sake
(A) 1 cucchiaino di zucchero
(A) 1/2 cucchiaino di pepe shichimi
(A) 2 cucchiai di acqua

1 cucchiaino di fecola di patate sciolta in acqua

1 pezzo di alga nori
Una buona quantità di olio per friggere

Preparazione:

1. Tagliare l'alga in 4 pezzi uguali.
2. Togliere le budella ai gamberi, togliere i gusci lasciando intatte le code, strofinare con sale, sciacquare sotto l'acqua corrente e asciugare con carta da cucina.
3. Unire la farina di tempura e l'acqua fredda in una ciotola e mescolare rapidamente con le bacchette.

4. Scaldare l'olio a 170°C. Mettere i gamberi nell'olio e friggere per 2-3 minuti finché i gamberi sono cotti, poi scolarli.
5. Mettere la salsa creata in precedenza mischiando gli ingredienti listati, in una casseruola e scaldare a fuoco medio. Quando comincia a sobbollire, aggiungere la fecola di patate e scaldare fino a quando si addensa.
6. Immergere 4 in 5, avvolgere nel riso e arrotolare nell'alga *nori*.

Informazioni utili :

- I gamberi devono essere tagliati e raddrizzati sulla pancia per evitare che si arriccino e friggano.
- Regolare il riso secondo la dimensione dei gamberi.
- Per fare la fecola di patate solubile in acqua, usare un rapporto di 1 fecola di patate a 2 acqua.
- La quantità di amido utilizzata deve essere regolata secondo lo spessore della salsa.
- Regolare il livello di sale e di piccantezza secondo il proprio gusto.

Uno's Kitchen

おわりに

私は、料理をしている時、頭の中が リラックスします。お料理は、順番を考えながら作ると言うのが基本ですが、同時にクリエイティブになれる瞬間でもあります。毎日のご飯作りに負担を抱える方もいるかと思いますが、ちょっとした工夫次第で、常備食にもなります。

海外生活が長くなると、やはり自分の生まれ故郷の味が恋しくなります。その土地で手に入る食材を利用して、故郷の味に近い物を作り続けてもう30年になりました。祖母、母から教わった味を娘に伝えたい思い、そしてイタリアの和食ファンの方々にも是非このレシピ本を使って日本の家庭料理を皆様の家で是非作って頂きたいと願います。

トリノ市にある「櫻（さくら）トリノ日伊文化交流協会」の監修のもと、この本を作成をする事が出来た事に大変感謝しております。そして、この本のグラッフィク、またイタリア語の校正と編集を担当してくれたCarolina Ciociola（カロリーナ・チョチョラ）さんに心から感謝しております。

2021年10月

Conclusione

Quando cucino, la mia mente si rilassa. È l'idea di base di cucinare in un certo ordine, ma è anche il momento in cui posso essere creativo. Alcune persone trovano difficile cucinare ogni giorno, ma con un po' d'ingegno, può diventare un'abitudine.

Più a lungo si vive all'estero, più si sente la mancanza dei sapori della propria terra natale. Negli ultimi 30 anni, ho preparato piatti che si avvicinano al gusto della mia terra, utilizzando ingredienti che sono disponibili lì. Voglio trasmettere a mia figlia i sapori che mia nonna e mia madre mi hanno insegnato, e spero che i fan italiani della cucina giapponese usino questo libro per fare la cucina giapponese in casa propria.

Sono molto grata di aver potuto produrre questo libro sotto la supervisione dell'Associazione Interculturale Italia - Giappone "Sakura" APS di Torino. Sono anche molto grata a Carolina Ciociola per la grafica, la correzione di bozze e l'editing del libro in italiano.

Ottobre 2021

Appunti e Note

Uno's Kitchen

Uno's Kitchen

Printed by Amazon Italia Logistica S.r.l.
Torrazza Piemonte (TO), Italy